NIVEL
2

Los Volcanes

Anne Schreiber

Washington, D.C.

Para Harrison
—A.S.

NATIONAL GEOGRAPHIC y Yellow Border Design son marcas registradas de
National Geographic Society, usadas bajo licencia.

Libro en rústica ISBN: 978-1-4263-3229-6
Encuadernación de biblioteca reforzada ISBN: 978-1-4263-3230-2

Tapa, Digital Vision; 1, Robert Glusic/PhotoDisc/Getty Images; 2, Bychkov Kirill/Shutterstock; 4-5, Jabruson/
NPL/Minden Pictures; 6, Stuart Armstrong; 7, Bryan Lowry/SeaPics.com; 8 (información del mapa), NOAA;
9, ARCTIC IMAGES/Alamy Stock Photo; 10, Doug Perrine/SeaPics.com; 11, Pierre Vauthey/Sygma via Getty
Images; 14 (ARRIBA), WEDA/EPA; 14 (ABAJO), Goodshoot/Corbis; 14-15 (FONDO), J.P. Eaton/USGS; 15 (ARRIBA),
Mike Doukas and Julie Griswold/USGS; 15 (ABAJO), Pete Oxford/Minden Pictures; 16, NASA/JPL; 16-17, Phil
Degginger/Mira.com; 18, Corbis/Corbis via Getty Images; 20-21, Francesco Ruggeri/Getty Images; 22,
Cyrus Read/Alaska Volcano Observatory/USGS; 22-23, NASA; 24 (ARRIBA), Photodisc; 24 (ABAJO), CORBIS/
Corbis via Getty Images; 25 (ARRIBA), CORBIS/Corbis via Getty Images; 25 (ABAJO), Rebecca Freeman; 26,
John Stanmeyer/National Geographic Creative; 27 (ARRIBA), NASA/JPL/University of Arizona; 27 (CENTRO),
Martin Rietze/Barcroft Media/Getty Images; 27 (ABAJO), Art Wolfe/Getty Images; 28, Jon Cornforth/SeaPics.
com; 29 (ARRIBA), LaChouettePhoto/Getty Images; 29 (CENTRO), Joseph Van Os/Getty Images; 29 (ABAJO),
Bo Zaunders/Getty Images; 30-31, Norbert Rosing/National Geographic Creative; 32 (ARRIBA, IZQUIERDA),
Cyrus Read/Alaska Volcano Observatory/USGS; 32 (ARRIBA, DERECHA), Digital Vision; 32 (CENTRO,
IZQUIERDA), Stuart Armstrong; 32 (CENTRO, DERECHA), Jeremy Horner/Getty Images; 32-5 (ABAJO,
IZQUIERDA), Jabruson/NPL/Minden Pictures; 32 (ABAJO, DERECHA), Bryan Lowry/SeaPics.com

National Geographic apoya a los educadores K-12 con Recursos del ELA Common Core.
Visita natgeoed.org/commoncore para más información.

Tabla de Contenidos

¡Montañas de fuego! 4

Rocas calientes 6

Placas movedizas 8

Nace una isla 10

El Anillo de Fuego 12

Conoce a un volcán ... o a tres 16

La historia verdadera del
Lago del Cráter 22

¡Roca increíble! 24

Volcanes que rompen récords 26

Puntos calientes 28

Un final explosivo 30

Glosario de imágenes 32

¡Montañas de fuego!

Cenizas y vapores emergen de la montaña. La roca fundida y caliente sube por el interior de la montaña. De repente, escapa una columna brillante de ceniza caliente. ¡Es una erupción!

Se despide gran cantidad de roca fundida. Esta corre por la ladera del volcán en un río ardiente. Todo lo que no se puede mover se quema o se entierra.

VOLCÁN KIMANURA
ZAIRE

ERUPCIÓN DE PALABRAS

ERUPCIÓN: Cuando el magma alcanza la superficie de la Tierra. Algunas erupciones son explosivas.

Rocas calientes

Cuando el magma
sale de la Tierra, se
llama lava. La lava se
endurece. La ceniza
y la roca se acumulan.
Así nace un volcán.

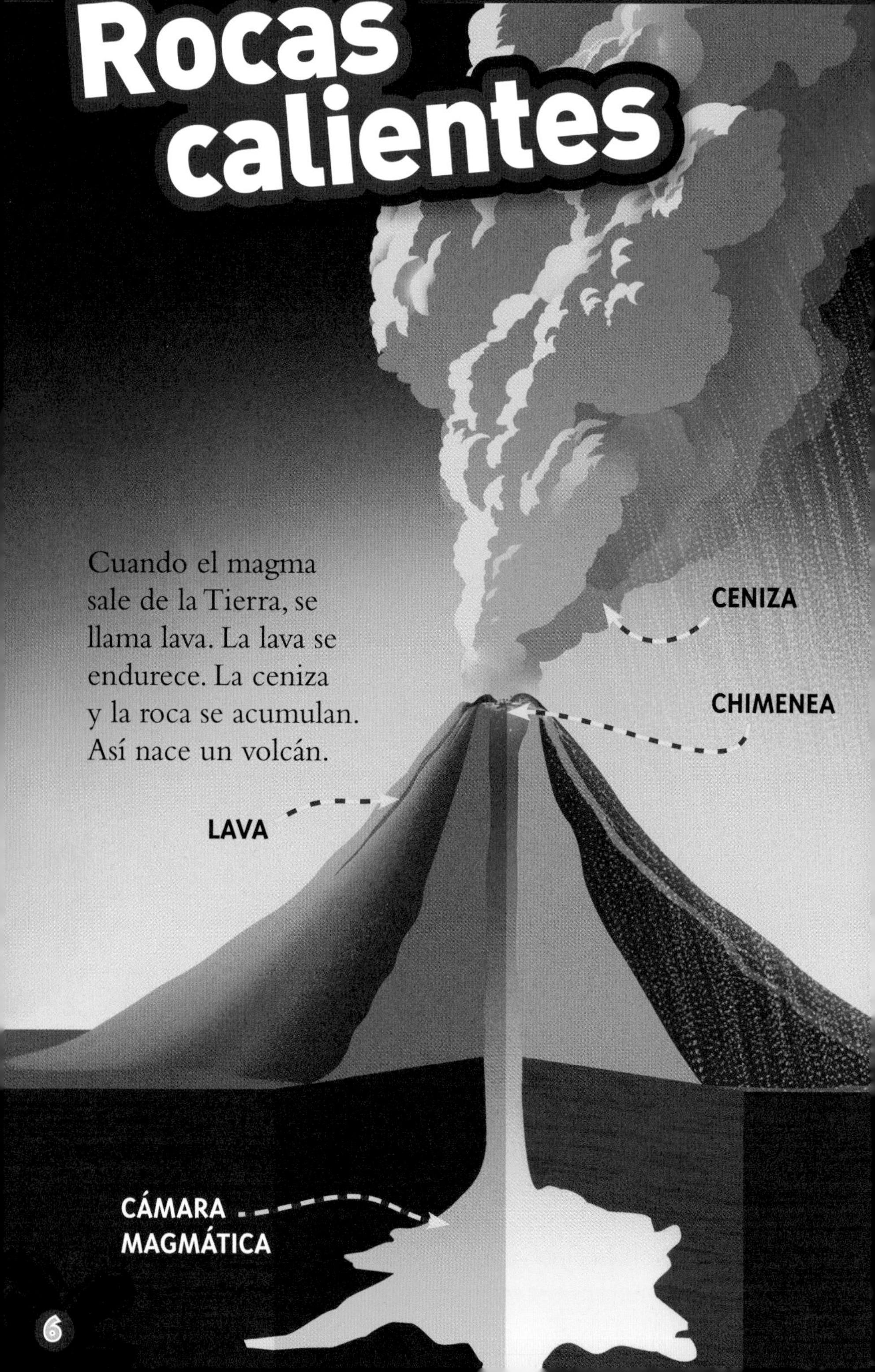

CENIZA

CHIMENEA

LAVA

CÁMARA
MAGMÁTICA

Muy debajo de la superficie de la Tierra hace mucho calor. Tanto calor que la roca se funde. Cuando la roca se funde, se convierte en un líquido espeso llamado magma. A veces este líquido se junta en una cámara magmática. Otras veces encuentra grietas por donde puede pasar. Si el magma pasa por grietas y alcanza la superficie, el lugar por donde sale se llama chimenea.

ERUPCIÓN DE PALABRAS

MAGMA: Roca fundida en forma de líquido espeso

CÁMARA MAGMÁTICA: Un lugar muy debajo de la superficie de la Tierra lleno de roca fundida

CHIMENEA: Cualquier apertura en la superficie de la Tierra por donde salen materiales volcánicos

Placas movedizas

¿De dónde vienen las grietas y las chimeneas de la Tierra?

La Tierra donde vivimos está dividida en partes que se llaman placas. Las placas encajan perfectamente como un rompecabezas. Se mueven permanentemente, unas pulgadas por año. Cuando se alejan … o se chocan … ¡cuidado!

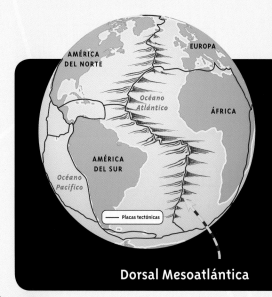

Dorsal Mesoatlántica

Uno de los lugares donde las placas tectónicas se alejan se llama la Dorsal Mesoatlántica. Es la cordillera más larga de la Tierra y su mayor parte se encuentra debajo del agua.

THINGVELLIR, ISLANDIA

Esta imagen muestra la grieta que se forma cuando las placas se alejan.

Nace una isla

¿Qué pasa cuando dos placas se alejan?
Crean una grieta gigante en la Tierra.
El magma puede salir por estas grietas.
Esto también sucede debajo del agua.

Hace aproximadamente 60 millones de años, un volcán debajo del agua expulsó tanta lava que creó tierra nueva. Una isla enorme creció en medio del océano. ¡La lava creó el país de Islandia!

SURTSEY

Hace aproximadamente 50 años, la gente empezó a ver humo saliendo del océano cerca de Islandia. ¡Una isla nueva nacía frente a sus ojos! Ellos la llamaron Surtsey, por el dios nórdico del fuego.

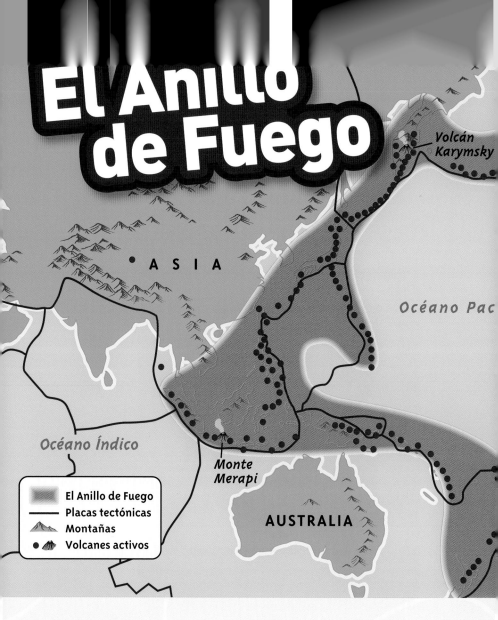

El Anillo de Fuego

¿Qué pasa cuando las placas chocan entre sí? Quizás una montaña crezca un poco más. Quizás un volcán entre en erupción. ¡Puede haber un terremoto, un tsunami, o las dos cosas!

ERUPCIÓN DE PALABRAS

TSUNAMI: Olas grandes creadas por fenómenos como terremotos y derrumbes

Monte Santa Helena

AMÉRICA DEL NORTE

Océano Atlántico

PLACA DEL PACÍFICO

Volcán Tungurahua

AMÉRICA DEL SUR

Los bordes de la placa del Pacífico están chocando con las placas que la rodean. Esta zona se llama el Anillo de Fuego. Muchos terremotos y erupciones volcánicas suceden en el Anillo de Fuego.

Postales del Anillo

¡Eres Magma-villoso!

Monte Merapi, Indonesia

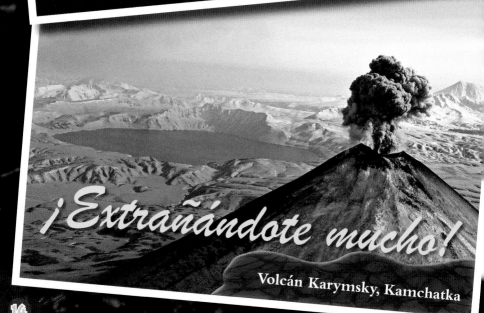

¡Extrañándote mucho!

Volcán Karymsky, Kamchatka

¡Ojalá estuvieras aquí!

Desde la Cordillera de las Cascadas en el estado de Washington

Monte Santa Helena

¡PASÁNDOLA BIEN EN LOS ANDES!

Volcán Tungurahua, Ecuador

Conoce a un volcán ... o a tres

No todos los volcanes son iguales. El tipo de volcán depende de sus erupciones.

La lava de un volcán en escudo es caliente y líquida. Ríos de lava fluyen de las chimeneas del volcán. Estos flujos de lava crean un volcán con pendiente suave.

DATO CALIENTE

El Monte Olimpo en Marte es un volcán en escudo. ¡Es el volcán más grande de nuestro sistema solar! Visto desde arriba, es redondo como un escudo.

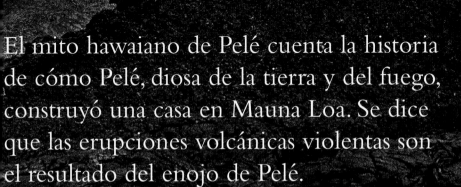

MAUNA LOA

El mito hawaiano de Pelé cuenta la historia de cómo Pelé, diosa de la tierra y del fuego, construyó una casa en Mauna Loa. Se dice que las erupciones volcánicas violentas son el resultado del enojo de Pelé.

¡Conoce a Mauna Loa!

VOLCÁN PARICUTÍN

Un volcán cónico tiene laderas rectas y pendientes altas. Estos volcanes tienen erupciones hermosas. Cenizas y rocas calientes se disparan al aire. La lava fluye del cono.

Un día, un volcán cónico empezó a erupcionar en un campo de México. Hizo erupciones sin parar durante nueve años. Cuando paró, era casi tan alto como el Empire State.

¡Conoce al Paricutín!

DATO CALIENTE

Aunque el Paricutín dejó de erupcionar en 1952, ¡la tierra que lo rodea sigue caliente! Los científicos creen que el Volcán Paricutín expulsó 10 trillones de libras de ceniza y roca.

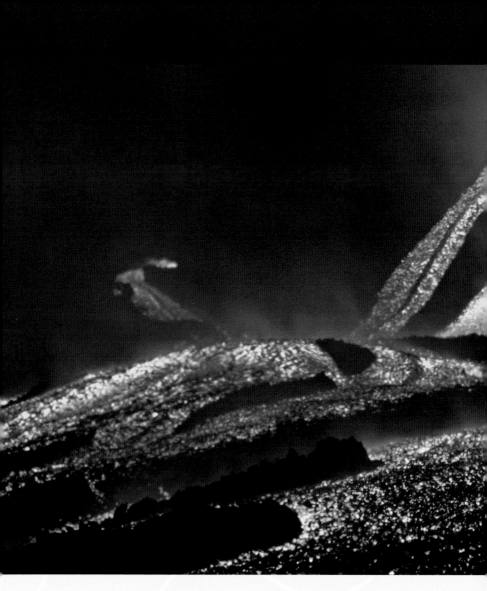

Un estratovolcán es parecido a una torta en capas. Primero, la lava sale y cubre la montaña. Luego, vienen la roca y la ceniza. Después, más lava. La montaña crece con capas de lava, roca y ceniza.

¡Conoce a Monte Etna!

Existe un mito sobre Vulcano, el dios romano del fuego y del hierro. Vivió debajo de la Isla Vulcano, cerca de Monte Etna. Cada vez que Vulcano golpeaba su martillo, un volcán entraba en erupción. La palabra volcán viene del nombre Vulcano.

La historia verdadera del Lago del Cráter

El Lago del Cráter parece un lago normal, pero la verdad es que es un estratovolcán. Antes era una montaña llamada Monte Mazama. Ahora es un lago profundo y claro en Oregón.

Hace 6.000 años, una explosión hizo que la parte superior del Monte Mazama se desprendiera. Lava, polvo y ceniza cayeron sobre la montaña. Esa parte superior se desplomó, formando así una caldera gigante. Con los años, la caldera se convirtió en un cráter, y éste se llenó de agua. Es el lago más profundo de los Estados Unidos.

ERUPCIÓN DE PALABRAS

CALDERA: Una caldera se forma cuando la parte superior del volcán se desploma.

LAGO DEL CRÁTER

Después de que la montaña colapsó, hubo más erupciones. Durante una de ellas, un pequeño cono de escoria de ceniza y lava se formó. Este cono de escoria sobresale del lago. Se llama la Isla del Mago.

¡Roca increíble!

PAHOEHOE

NOMBRE: Pahoehoe (pronunciar Pa-joi-joi)

CÓMO SE FORMA: Lava líquida y caliente se endurece formando una roca lisa.

PODER ESPECIAL: Se endurece formando estructuras hermosas y extrañas conocidas como Esculturas de Lava.

AA

NOMBRE: Aa (pronunciar Ah-ah)

CÓMO SE FORMA: La corteza de la lava Aa se endurece formando montes de roca.

PODER ESPECIAL: ¡Puede derretir todo lo que encuentra, hasta la suela de tus zapatos!

EL PELO DE PELÉ

NOMBRE: El Pelo de Pelé

CÓMO SE FORMA: Las fuentes de lava tiran lava al aire donde pequeños pedazos se estiran y forman hilos de vidrio volcánico.

PODER ESPECIAL: ¡Estos hilos de vidrio volcánico son largos y finos, parecidos al pelo! Pequeños pedazos en forma de lágrimas, conocidos como las lágrimas de Pelé, a veces se forman en las puntas del Pelo de Pelé.

PUMITA

NOMBRE: Pumita

CÓMO SE FORMA: En una gran explosión, la roca fundida se puede llenar de gases del volcán. Cuando la lava se endurece, los gases quedan atrapados adentro.

PODER ESPECIAL: Los gases hacen que la piedra sea tan liviana que pueda flotar en el agua.

25

Volcanes que rompen récords

Indonesia, un conjunto de islas ubicado en el Anillo de Fuego, tiene **más volcanes en estado de erupción** que cualquier otro lugar de la Tierra.

ISLA DE JAVA

El lugar con **más actividad volcánica** no se encuentra en la Tierra. ¡Se encuentra en Ío, una de las lunas de Júpiter!

La explosión de Krakatau en el año 1883 fue **el sonido más fuerte jamás registrado.** Las personas aún pudieron escuchar la explosión a una distancia de más de 2.500 millas. Anak Krakatau, que significa "Hijo de Krakatau," es un volcán que nació en 1927 donde antes estaba Krakatau.

Monte Etna es **el volcán activo más grande** de Europa.

27

Puntos calientes

¿Quieres visitar un lugar realmente caluroso? Visita estos puntos calientes— lugares donde el magma sale por la corteza de la Tierra. ¡Estos puntos se calientan por la actividad volcánica!

Todas las Islas Hawaianas son montañas volcánicas. Nacen en el fondo del mar y salen del agua. Kilauea en Hawái todavía está en estado de erupción. Mientras sigue erupcionando, la isla de Hawái sigue creciendo.

En la Isla Kyushu en Japón, algunas personas usan las aguas termales para hervir huevos.

Báñate con los monos en Japón.

En Islandia, puedes nadar en piscinas calentadas por volcanes.

Un final explosivo

Si visitas el Parque Nacional Yellowstone, estarás parado sobre uno de los supervolcanes más grandes de la Tierra. Yellowstone está ubicado sobre una caldera antigua. El magma sigue hirviendo pocas millas debajo del suelo.

Yellowstone tiene muchos géiseres—más de 300. El magma debajo de la caldera de Yellowstone calienta el agua. El agua hierve y sale a la superficie en forma de géiser, tirando vapor y agua caliente al aire.

¡Visita Yellowstone y ve la Tierra en acción!

CALDERA
Una caldera se forma cuando la parte superior del volcán se desploma.

MAGMA
Roca fundida en forma de líquido espeso

CÁMARA MAGMÁTICA
Un lugar muy debajo de la superficie de la Tierra lleno de roca fundida

TSUNAMI
Olas grandes creadas por fenómeno como terremotos y derrumbes

ERUPCIÓN
Cuando el magma alcanza la superficie de la Tierra. Algunas erupciones son explosivas.

CHIMENEA
Cualquier apertura en la superficie de la Tierra por donde salen materia les volcánicos